LK 9 278

AF243505

1373

PROJET

D'AMÉLIORATION

COLONIALE.

Nil humani à me alienum puto.

IMPRIMERIE PORTHMANN,
RUE SAINTE-ANNE, N°. 43.

1823.

Lk⁹ 278

PROJET

D'AMÉLIORATION COLONIALE.

Sɪ certains réformateurs moins emportés par leur imagination, au lieu de s'élancer vers des améliorations idéales, marchaient pas à pas vers des améliorations possibles ; si leur philantropie, plus générale, embrassait le Russe, le Grec, l'esclave de Barbarie, comme elle embrasse l'Africain, on leur applaudirait universellement : aimer son prochain comme soi-même, est un principe inspiré par la Divinité même ; mais, depuis plus d'un demi-siècle, on voit des individus qui, tout en se proclamant amis des hommes, limitent leur amour, et prodiguent leur éloquence en faveur des objets de leur partialité. Qu'est-il résulté de leur système ? Une

1 *

série non interrompue de malheurs, d'évé-
nemens tragiques ; et certes il ne pouvait en
être autrement ; car, aux maux politiques
comme aux maux du corps, ce sont de bons
praticiens qu'il faut, et non de beaux par-
leurs. Rien de mieux, assurément, que de
détester l'esclavage ; mais, quand cet esclavage est le vice d'un Gouvernement, quand
il l'a autorisé par une longue suite d'années ;
quand, par le fait de cette autorisation, un
colon américain a une propriété d'hommes,
de la même manière qu'un colon européen
a une propriété de terre, bien certainement
l'Américain ne peut être dépouillé de sa propriété, pas plus qu'on ne peut soumettre
l'Européen à la loi agraire. D'accord avec
la justice, la raison veut donc qu'on subs-
titue à d'oiseuses et funestes déclamations,
des moyens qui puissent concilier l'amour du
prochain avec le respect dû à la propriété :
au talent seul appartient de produire cette
harmonie ; puissé-je lui donner l'éveil ! et

servir à ce noble but, en proposant comme mesures préparatoires,

1°. L'établissement d'une caisse d'amortissement de l'esclavage ;

2°. Le moyen de faire participer les libres aux droits civils et politiques ;

3°. L'émancipation graduée des esclaves ;

4°. Une administration meilleure des terres et des esclaves appartenant au Gouvernement.

Caisse d'amortissement de l'esclavage.

Le Gouvernement ayant des terres et des esclaves, en ferait verser les revenus dans une caisse d'amortissement de l'esclavage ; ces propriétés ne seraient point affermées ; elles auraient des géreurs et des commissionnaires nommés par le Gouvernement, et soumis à rendre leurs comptes, tous les six mois, au principal tribunal de chaque Colonie.

Le produit des déshérences serait versé dans cette caisse d'amortissement par le curateur des biens vacans.

Le Gouvernement autoriserait toutes donations à faire à la caisse ; il les encouragerait de tout son pouvoir, et il ferait insérer dans toutes les feuilles publiques les noms des donateurs.

Les fonds versés à la caisse d'amortissement, seraient employés en achats d'esclaves, reconnus pour bons sujets, que le Gouvernement déclarerait libres immédiatement.

Les esclaves déclarés libres et les libres de naissance seraient tenus de justifier de leurs moyens d'exitence ; s'ils ne le pouvaient, ils seraient formés en compagnies avec un chef ou commandeur à leur tête : ce chef traiterait avec les Colons, et le Gouvernement rendrait les ordonnances nécessaires pour la sûreté réciproque des engagemens.

Moyen de faire participer les libres aux droits civils et politiques.

Les libres nés en ligitime mariage de pères et mères libres, jouiraient, sans exception et sous les mêmes conditions, de tous les droits civils et politiques, dont jouissent les Europééns et les propriétaires dans les Colonies.

L'art. 59 de l'ordonnance de Louis XIV, du mois de mars 1685, laquelle est une des lois du Code noir, accorde aux affranchis les mêmes droits, priviléges, immunités, tant pour leurs personnes que pour leurs biens, dont jouissent les autres sujets du Roi; pourquoi refuserait-on, sous Louis-le-Désiré, ce que dans un siècle bien moins philosophique que le nôtre, Louis-le-Grand jugea à propos d'accorder? Il n'y a plus que la déraison et les préjugés qui voient encore aujourd'hui dans la couleur de la peau, un motif de déshériter l'Africain des droits de la nature et de l'humanité ; l'Africain n'est-il pas aux Colonies , ce que le cultivateur et le journalier sont en Europe? Voit-on la partie civilisée de l'Europe avilir le cultivateur et le journalier?

J'ai géré seize ans consécutifs ma propriété à la Martinique ; dans cet espace de temps , j'ai traité avec des ouvriers, des artisans, des commerçans qui tous avaient, plus ou moins , du sang africain dans les veines ; aucun ne m'a jamais donné le moindre sujet de plainte, pas plus que l'ouvrier, l'artisan, le portefaix, le charbonnier de France , depuis quatorze ans que j'y réside : n'être point exigeant, et mettre en pratique le précepte de ne faire pas à autrui ce qu'on ne voudrait pas qu'on nous fît, c'est là tout le secret de la sociabilité.

Emancipation graduée des esclaves.

Le Gouvernement ratifierait, sans frais ,

les émancipations faites par les Colons, ou par un Gouvernement étranger.

Les épaves seraient déclarés libres, si, d'ailleurs, leur conduite était irréprochable.

Tout esclave aurait la faculté de se faire déclarer libre, en payant une somme équivalente à sa valeur; il pourrait également racheter sa famille.

Toute femme esclave ayant cinq enfans vivans, et dont le cinquième aurait atteint l'âge de quatorze ans, serait déclarée libre sur sa réclamation pure et simple à l'autorité, et les enfans qu'elle aurait ensuite naîtraient libres ou le deviendraient.

Tout esclave âgé de soixante ans serait déclaré libre, en justifiant de ses moyens d'existence.

Administration meilleure des terres et des esclaves appartenant au Gouvernement.

Le Gouvernement ne devant, en aucune

manière, blesser les droits de propriété, laisserait aux Colons toute liberté dans leur administration, mais il ferait pour lui-même des réglemens que ses géreurs seraient tenus d'observer: comme il résulterait de ces réglemens des avantages évidens en population et en vivres, nul doute qu'ils ne fussent adoptés volontairement partout: voici ceux que l'on peut d'abord prescrire aux géreurs.

Toutes les terres que le géreur ne ferait pas cultiver, et toutes celles qu'il croirait pouvoir laisser un an, au moins, sans culture, seraient abandonnées aux esclaves qui les cultiveraient en vivres; les esclaves pourraient même louer des journaliers pour ces cultures; le géreur en ferait faire la récolte, en plein jour, jamais la nuit, par ses travailleurs et par l'esclave propriétaire à qui le produit en nature serait remis en totalité sans aucune retenue pour le vendre ou en disposer à sa volonté; de cette manière le maître s'acquitterait, en quelque sorte, envers l'esclave, du travail qu'il en tire ; cet avantage seul, en couvrant de vivres la propriété, procurerait encore à l'esclave laborieux et économe le moyen de se racheter promptement ; et l'habitude qu'il aurait prise du travail et de l'économie, serait une garantie de plus du bon usage qu'il ferait de sa liberté ; c'est aussi pour s'assurer cette garantie, que le Gouvernement ne doit pas se presser d'affranchir les esclaves de ses propriétés, afin de n'appeler que de bons sujets à la liberté.

Il faudrait ne pas négliger d'établir des écoles gratuites, pour former aux bonnes mœurs les jeunes affranchis ou libres ; et, pour y parvenir, ne rien épargner dans le choix des instituteurs, dont on assurerait le bien-être par des honoraires suffisans.

On ne punirait les esclaves que par une détention plus ou moins rigoureuse, suivant la gravité des délits ; toutes punitions corporelles seraient absolument défendues : la crainte d'être privé du temps dont il pourrait disposer à sa volonté, produit plus d'effet sur l'Africain, qu'aucun autre châtiment ; et il ne s'exposera jamais à éprouver cette privation, quand il sera encouragé à cultiver pour son propre compte.

Les femmes enceintes et reconnues telles, ne seraient plus soumises à aucune espèce de travail pour la propriété ; elles ne travailleraient que pour leur compte, et on ne pourrait leur faire reprendre le travail du maître que six mois après leur accouchement, si leur enfant est vivant : au sevrage de leur enfant, elles recevraient une gratification.

La sage-femme esclave recevrait une gratification pour tout enfant vivant un mois après sa naissance.

Les enfans esclaves ne seraient soumis à de très-légers travaux pour la propriété, qu'à l'âge de sept ans révolus.

CONCLUSION.

Tel est le projet d'amélioration coloniale que je propose , dont l'application en amènerait de meilleurs, à mesure que le bien pour la classe esclave serait évident , sans avoir nui à celle des propriétaires ; c'est ainsi qu'on passerait graduellement et sans secousse à un état de liberté générale dans les Colonies: si , depuis plus d'un demi-siècle , on eût employé à la pratique le temps qu'on a perdu en vaines théories , et en superbes déclamations, nul doute qu'actuellement les Colonies ne fussent cultivées par des mains affranchies et intéressées , non seulement à en maintenir, mais à en accroître la prospérité.

Comme je suis particulièrement intéressé à la conservation des Colonies françaises , les catastrophes dont la Martinique est depuis quelque temps le théâtre , me font une loi d'avertir publiquement , d'après mon expérience du caractère de l'Africain , que ce ne sera jamais par la sévérité du régime et par des supplices, que l'on parviendra à lui faire vouloir la prospérité de son maître ; l'on y réussira bien plus efficacement en le faisant participer, par les moyens que j'indique ou par d'autres analogues, aux profits d'une administration juste et paternelle : le succès serait bien plus assuré, si le Gouvernement français, s'éclairant sur ses véritables intérêts relativement au commerce et aux Colonies, sentait enfin qu'il lui est bien plus avantageux de les enrichir, que de les faire servir de proie à une avide et aveugle fiscalité ; car ce ne sera jamais avec des Colonies pauvres que le commerce national fera de bonnes affaires.

DUBUC DUFERRET (André),
Capitaine de frégate en retraite,
Chevalier de St.-Louis, Propriétaire
à la Martinique.

www.ingramcontent.com/pod-product-compliance
Lightning Source LLC
Chambersburg PA
CBHW061553050726
47595CB00009B/3795

9782012995628